BEI GRIN MACHT SICH IHR WISSEN BEZAHLT

- Wir veröffentlichen Ihre Hausarbeit, Bachelor- und Masterarbeit

- Ihr eigenes eBook und Buch - weltweit in allen wichtigen Shops

- Verdienen Sie an jedem Verkauf

Jetzt bei www.GRIN.com hochladen und kostenlos publizieren

Stanley Braun

Ausgewählte Maßnahmen des EU-Grünbuchs vor dem Hintergrund der Unabhängigkeit des Abschlussprüfers

GRIN Verlag

Bibliografische Information der Deutschen Nationalbibliothek:

Die Deutsche Bibliothek verzeichnet diese Publikation in der Deutschen Nationalbibliografie; detaillierte bibliografische Daten sind im Internet über http://dnb.d-nb.de/ abrufbar.

Dieses Werk sowie alle darin enthaltenen einzelnen Beiträge und Abbildungen sind urheberrechtlich geschützt. Jede Verwertung, die nicht ausdrücklich vom Urheberrechtsschutz zugelassen ist, bedarf der vorherigen Zustimmung des Verlages. Das gilt insbesondere für Vervielfältigungen, Bearbeitungen, Übersetzungen, Mikroverfilmungen, Auswertungen durch Datenbanken und für die Einspeicherung und Verarbeitung in elektronische Systeme. Alle Rechte, auch die des auszugsweisen Nachdrucks, der fotomechanischen Wiedergabe (einschließlich Mikrokopie) sowie der Auswertung durch Datenbanken oder ähnliche Einrichtungen, vorbehalten.

Impressum:

Copyright © 2012 GRIN Verlag GmbH
Druck und Bindung: Books on Demand GmbH, Norderstedt Germany
ISBN: 978-3-656-40719-5

Dieses Buch bei GRIN:

http://www.grin.com/de/e-book/211945/ausgewaehlte-massnahmen-des-eu-gruen-buchs-vor-dem-hintergrund-der-unabhaengigkeit

GRIN - Your knowledge has value

Der GRIN Verlag publiziert seit 1998 wissenschaftliche Arbeiten von Studenten, Hochschullehrern und anderen Akademikern als eBook und gedrucktes Buch. Die Verlagswebsite www.grin.com ist die ideale Plattform zur Veröffentlichung von Hausarbeiten, Abschlussarbeiten, wissenschaftlichen Aufsätzen, Dissertationen und Fachbüchern.

Besuchen Sie uns im Internet:

http://www.grin.com/

http://www.facebook.com/grincom

http://www.twitter.com/grin_com

Technische Universität Chemnitz

Fakultät für Wirtschaftswissenschaften

BWL X – Internationale Rechnungslegung

Und Wirtschaftsprüfung

Berufsfeldseminar (FACT)

zum Thema

„Ausgewählte Maßnahmen des EU-Grünbuchs vor dem Hintergrund der Unabhängigkeit des Abschlussprüfers"

WS 2012/2013

Eingereicht von: Stanley Braun

7. Semester Bachelor Wirtschaftswissenschaften

Inhaltsverzeichnis

Inhaltsverzeichnis	II
Abkürzungsverzeichnis	III
1. Einleitung	1
2. Normen zur Sicherung der Unabhängigkeit des Abschlussprüfers	2
2.1 Allgemeine Normen	2
2.2 Besitz von Anteilen	2
2.3 Personelle Verflechtung	2
2.4 Beratungstätigkeiten	3
2.5 Umsatzabhängigkeit	3
2.6 Vorschriften für Prüfungsgehilfen und Prüfungsgesellschaften	4
2.7 Schutzmaßnahmen	4
3. Maßnahmen des EU-Grünbuchs zur Stärkung der Unabhängigkeit	5
3.1 Zeitliche Begrenzung von Prüfungsaufträgen	5
3.2 Trennung von Prüfung und Beratung	8
3.3 Bestellung und Vergütung des Abschlussprüfers durch einen Dritten	11
4. Kritische Würdigung des Grünbuchs unter der Berücksichtigung des Richtlinien- und Verordnungsentwurfs der EU vom 30.11.2011	13
4.1 Zeitliche Begrenzung von Prüfungsaufträgen	13
4.2 Trennung von Prüfung und Beratung	14
4.3 Bestellung und Vergütung des Abschlussprüfers durch einen Dritten	15
5. Abschließende Bemerkungen	16
Literaturverzeichnis	IV

Abkürzungsverzeichnis

AktG	Aktiengesetz (Deutschland)
BB	Der Betriebsberater (Zeitschrift)
DGRV	Deutscher Genossenschafts- und Raiffeisenverband
DStR	Deutsches Steuerrecht (Zeitschrift)
HGB	Handelsgesetzbuch (Deutschland)
IDW	Institut Deutscher Wirtschaftsprüfer
IRZ	Zeitschrift für Internationale Rechnungslegung
IWP	Institut Österreichischer Wirtschaftsprüfer
NZG	Neue Zeitschrift für Gesellschaftsrecht
KWT	Kammer der Wirtschaftstreuhänder (Österreich)
WPg	Die Wirtschaftsprüfung (Zeitschrift)
WPK	Wirtschaftsprüferkammer (Deutschland)
WPO	Wirtschaftsprüferordnung (Deutschland)
ZfB	Zeitschrift für Betriebswirtschaft
ZfgG	Zeitschrift für das gesamte Genossenschaftswesen

1. Einleitung

Die Wirtschafts- und Finanzkrise hat in vielen Bereichen für Denkanstöße gesorgt. Finanzinstitute, Zentralbanken und Rating-Agenturen mussten sich kritisch hinterfragen lassen. Im Zuge dieser öffentlichen Diskussion, stand auch die Institution der Abschlussprüfung auf dem Prüfstand. Eben jene Institution, die im Jahre 1931 ins Leben gerufen wurde, um Wirtschaftskrisen vorzubeugen.[1] Den Wirtschaftsprüfern wurde vorgeworfen, Gefahren toxischer Papiere nicht oder zu spät erkannt zu haben.[2] Die Abschlussprüfer hätten aufgrund ihres Fachwissens und ihrer Erfahrung die Gefährdung der Finanzinstitute in deren Bilanzen erkennen müssen.[3] Darüber hinaus habe sich gezeigt, dass die vier großen Prüfungsgesellschaften, aufgrund ihrer nahezu oligopolistischen Marktstellung, ein systemrelevantes Risiko darstellen, welches es zu minimieren galt.[4] Die EU-Kommission, unter Führung des EU-Kommissars für Binnenmarkt und Dienstleistungen Michel Barnier, nahm sich dieses Problems an. Am 13.10.2010 veröffentlichte sie ein Grünbuch mit dem Titel „Weiteres Vorgehen im Bereich der Abschlussprüfung: Lehren aus der Krise".[5] Mit Hilfe des Grünbuchs sollte eine offene Diskussion angeregt werden, die zum Ziel hatte, die Rolle der Abschlussprüfung zu überdenken.[6] Die Maßnahmen sollten die Erwartungslücke zwischen Ausstellern und Adressaten der Abschlussprüfung schließen und eine zu hohe Konzentration auf dem Prüfermarkt verhindern.[7] Weiterhin sollte die Unabhängigkeit des Abschlussprüfers gestärkt werden. Diese Teilzielsetzung der EU soll Hauptthema der folgenden Arbeit sein. Die Fragen, die dabei im Zentrum stehen, sind, wie die Unabhängigkeit der Abschlussprüfer laut Grünbuch gestärkt werden soll und ob die Vorschläge sinnvoll sind. Zum Einstieg sollen im ersten Kapitel Normen zur Sicherung der Unabhängigkeit des Abschlussprüfers in Deutschland kurz beleuchtet werden. Dazu wird das Handelsrecht, die Wirtschaftsprüferordnung und die Berufssatzung der Wirtschaftsprüfer betrachtet. Im zweiten Abschnitt werden dann ausgewählte Maßnahmen des EU-Grünbuchs vorgestellt und Argumente für oder gegen deren Einführung vorgetragen. Im vierten Kapitel werden die Maßnahmen dann kritisch gewürdigt und eigeschätzt. Dies geschieht unter Berücksichtigung der Regulierungsentwürfe vom 30.11.2011. Im fünften Kapitel folgen dann einige abschließende Bemerkungen zum Grünbuch und den vorgestellten Maßnahmen.

---

[1] Vgl. Wollmert et al. (2011), S. 50.
[2] Vgl. Kämpfer et al. (2010), S. 2457.
[3] Vgl. Barnier (2010), S. I.
[4] Vgl. Barnier (2010), S. I.
[5] EU-Kommission (2010), S. 1.
[6] Vgl. Öppinger/ Rebhan (2011), S. 447.
[7] Vgl. Wollmert et al. (2011), S. 50.

2. Normen zur Sicherung der Unabhängigkeit des Abschlussprüfers

2.1 Allgemeine Normen

In § 43 Abs. 1 WPO i.v. mit § 1 der Berufssatzung sind die allgemeinen Berufspflichten des Abschlussprüfers fixiert.[8] In denen heißt es, dass der Wirtschaftsprüfer seine Tätigkeit „unabhängig, gewissenhaft, verschwiegen und eigenverantwortlich" auszuführen hat.[9] § 2 der Berufssatzung regelt im Speziellen die Berufspflicht der Unabhängigkeit. Der Wirtschaftsprüfer darf keine Bindungen eingehen, die seine berufliche Entscheidungsfreiheit beeinträchtigen könnten.[10] Zur Ausübung seiner Tätigkeit ist es nicht ausreichend, dass der Wirtschaftsprüfer tatsächlich unabhängig ist. Gemäß § 49 WPO muss der Wirtschaftsprüfer auch nach außen hin als unabhängig wahrgenommen werden.[11] Spezielle Normen zur Sicherung der Unabhängigkeit sollen im Folgenden näher beleuchtet werden. Die Auswahl beschränkt sich auf Regelungen, die im weiteren Verlauf der Arbeit nochmals thematisiert werden. Es handelt sich um Kriterien, nach denen der Abschlussprüfer nicht als unabhängig gilt und daher von der Prüfung ausgeschlossen ist.

2.2 Besitz von Anteilen

Gemäß § 319 Abs.3 Nr. 1 HGB darf der Wirtschaftsprüfer nicht prüfen, wenn er mehr als 20% an der zu prüfenden Kapitalgesellschaft besitzt. Gleiches gilt für Anteile an Unternehmen, die mit der Kapitalgesellschaft verbunden sind. Damit wird der § 23 Abs. 1 Nr. 1 WPO abgedeckt. Demnach liegt ein Eigeninteresse des Prüfers vor, wenn kapitalmäßige oder sonstige finanzielle Bindungen gegenüber des zu prüfenden Unternehmens bestehen.

2.3 Personelle Verflechtung

Nach § 319 Abs. 3 Nr. 2 HGB ist der Abschlussprüfer von der Pflichtprüfung ausgeschlossen, wenn zwischen dem Unternehmen und dem Abschlussprüfer personelle Verflechtungen bestehen.[12] Diese liegen vor, wenn der Abschlussprüfer gesetzlicher Vertreter, Teil des Aufsichtsrates oder Arbeitnehmer der zu prüfenden Kapitalgesellschaft ist. Dies findet sich in § 24 der Berufssatzung, wonach persönliche Vertrautheit vorliegt, wenn der Abschlussprüfer Beziehung zu Teilen des Unternehmens unterhält.

---

[8] Vgl. Graumann (2009), S. 23.
[9] Graumann (2009), S. 23.
[10] Vgl. Graumann (2009), S. 24.
[11] Vgl. Marten et al. (2011), S. 157.
[12] Vgl. Marten et al. (2011), S. 160.

2.4 Beratungstätigkeiten

Prüfungsgesellschaften und Wirtschaftsprüfer können im Rahmen ihrer Tätigkeit auch beratend für Unternehmen tätig sein. Eine Liste unerwünschter Dienstleistungen liefert § 319 Abs. 3 Nr. 3 HGB. Dem Prüfer ist es demzufolge untersagt bei der Führung der Bücher und Aufstellung des Jahresabschlusses mitzuwirken. Der Prüfer ist von der Prüfung ausgeschlossen, wenn er bei der Durchführung der internen Revision entscheidend mitgewirkt hat. Ebenfalls ist es dem Prüfer untersagt Unternehmensleitungs-, Bewertungs- oder Finanzdienstleistungen für das zu prüfende Unternehmen zu erbringen. Somit schließen diese Restriktionen alle Tätigkeiten ein, die sich wesentlich auf den Jahresabschluss auswirken.[13] Die Regelungen greifen den § 23a der Berufssatzung auf. Er untersagt die Selbstprüfung. Diese liegt vor, wenn der Prüfer Sachverhalte zu prüfen hat, an denen er selbst maßgeblich beteiligt war. § 319a HGB beschreibt darüber hinaus weitere Ausschlussgründe für Wirtschaftsprüfer von kapitalmarktorientierten Unternehmen im Sinne des § 264d HGB. Nach § 319a Abs. 1 Nr. 2 HGB ist es dem Prüfer untersagt, Rechts- und Steuerberatungsleistungen zu erbringen, wenn diese über das Aufzeigen von Gestaltungsalternativen hinaus gehen. Maßgeblich ist hier der unmittelbare Einfluss auf die Vermögens-, Finanz- und Ertragslage des Unternehmens[14]. Weiterhin ist es dem Prüfer gemäß § 319a HGB Abs. 1 Nr. 3 untersagt, an der Einrichtung und Einführung eines Rechnungslegungsinformationssystems mitzuwirken, sofern sein Mitwirken nicht unwesentlich ist.

2.5 Umsatzabhängigkeit

§ 319 Abs. 3 Nr. 5 befasst sich mit den Einkünften des Abschlussprüfers. Der Abschlussprüfer gilt als wirtschaftlich abhängig, wenn er in den letzten fünf Jahren mehr als 30% seiner Einnahmen durch die zu prüfenden Kapitalgesellschaft erzielt hat und das auch im kommenden Jahr der Fall sein wird. Dies gilt auch für Unternehmen, an denen die zu prüfenden Gesellschaft mehr als 20% der Anteile hält. Dies deckt sich mit § 23 Abs. 1 Nr. 2 der Berufssatzung. Demnach liegt ein Eigeninteresse vor, wenn eine übermäßige Umsatzabhängigkeit gegenüber dem Unternehmen vorliegt. Nach den besonderen Ausschlussgründen des § 319a Abs. 1 Nr. 1 werden die zulässigen Gesamteinnahmen auf 15% bei kapitalmarktorientierten Unternehmen herabgesenkt.

---

[13] Vgl. Marten et al. (2011), S. 161.
[14] Vgl. Velte (2011b), S. 2165.

2.6 Spezielle Vorschriften für Prüfungsgehilfen und Prüfungsgesellschaften

Ein Abschlussprüfer ist auch dann von der Prüfung ausgeschlossen, wenn ein Prüfungsgehilfe gemäß § 319 Abs. 3 Nr. 4 einen Ausschlussgrund des § 319 Abs. 3 Nr. 1 bis 3 erfüllt. Analog werden nach § 319 Abs. 4 HGB die Ausschlussgründe für Prüfungsgesellschaften abgeleitet. Auch die besonderen Ausschlussgründe des § 319a HGB werden analog auf die Prüfungsgesellschaft angewandt. Für sie gilt weiterhin eine interne Rotationspflicht. Nach § 319a Abs. 1 Nr. 4 ist eine Prüfer von der Prüfung ausgeschlossen, wenn er in sieben oder mehr Fällen für die Abschlussprüfung verantwortlich war.[15] Diese Regelung entfällt jedoch, wenn seit der letzten Prüfung zwei oder mehr Jahre vergangen sind.

2.7 Schutzmaßnahmen

Im § 22 der Berufssatzung sind einige Schutzmaßnahmen aufgelistet, die die Gefährdung der Unbefangenheit abschwächen sollen. Dazu zählen Transparenzregelungen, Erörterung mit Aufsichtsgremien des Auftraggebers und Konsultationen mit Kollegen, die mit Fragen der Unbefangenheit erfahren sind. § 22a der Berufssatzung verweist weiterhin auf die bereits genannten Ausschlussgründe der §§ 319 Abs. 3 und 319a HGB, sowie des § 319b Abs. 1 HGB.[16] Nach § 319b HGB ist der Abschlussprüfer von der Prüfung ausgeschlossen, wenn ein Teil seines Netzwerkes die oben genannten Ausschlussgründe der §§ 319 und 319a HGB erfüllt[17]. Weiteren Schutz genießt die Unabhängigkeit des Abschlussprüfers durch den § 318 Abs. 1 Satz 4 HGB. Demnach erteilt der Aufsichtsrat und nicht der Vorstand den Prüfungsauftrag.[18]

---

[15] Vgl. Marten et al. (2011), S. 163.
[16] Vgl. Marten et al. (2011), S. 159.
[17] Vgl. Velte (2011b), S. 2165.
[18] Vgl. Marten et al. (2011), S. 159.

3 Maßnahmen des EU-Grünbuchs zur Stärkung der Unabhängigkeit des Abschlussprüfers

3.1 Zeitliche Begrenzung von Prüfungsaufträgen

Die EU-Kommission hat in ihrem Grünbuch zur Abschlussprüfung einige Maßnahmen vorgeschlagen, um die Unabhängigkeit des Abschlussprüfers weiter zu festigen. Einige dieser Maßnahmen sollen im Folgenden vorgestellt werden. Dazu erfolgt eine Nennung von Vor- und Nachteilen. Die erste Maßnahme, die betrachtet werden soll, ist die Einführung einer externen Rotationspflicht. Nach Ansicht der EU-Kommission sei ein über Jahrzehnte laufender Prüfungsauftrag nicht mit Unabhängigkeitsstandards vereinbar.[19] Es besteht ein akutes Risiko der Vertrautheit zwischen Unternehmen und Prüfungsgesellschaft.[20] Man spricht von der so genannten familiarity threat.[21] Eine gesetzlich vorgeschriebene externe Rotation könnte ein Mittel sein diese persönliche Vertrautheit abzubauen.[22] Hinzu sollen bestimmte Rotationsregeln kommen.[23] Eine externe Rotation kann sich außerdem positiv auf die Kompetenz des Prüfers auswirken. Durch einen turnusmäßigen Wechsel müssen Prüfer neue Prüfungsmethoden entwickeln, die weniger vorhersehbar sind.[24] Prüfer müssten sich darüber hinaus dem Urteil des nachfolgenden Prüfers aussetzen. Dadurch wären sie zu noch größerer Sorgfalt angehalten.[25] Mit der externen Rotationspflicht könnte man ebenfalls Betriebsblindheit und der Abhängigkeit des Abschlussprüfers von einem Mandanten entgegenwirken.[26] Die erneute Diskussion um die Einführung einer externen Pflichtrotation wurde in der Literatur mit Verwunderung zur Kenntnis genommen. Entsprechende Pläne wurden bereits 2006 im Zuge der Überarbeitung der 8. EU Richtlinie zur Abschlussprüfung aufgegriffen.[27] Mit nachvollziehbaren Argumenten konnte man sich jedoch dagegen aussprechen. Vertrautheit, wie von der EU moniert, kann nur zwischen natürlichen Personen auftreten. Zu große Vertrautheit zwischen Prüfungsgesellschaft und dem Unternehmen ist also nicht möglich.[28] Durch den Pflichtwechsel stiegen auch die Prüfungskosten, die aus erhöhter Einarbeitungszeit resultieren würden.[29] Erhöhte Einarbeitungszeit, auf Grund von Ineffizienzen bei der Durchführung der Prüfung,

---

[19] Vgl. EU-Kommission (2010), S. 13.
[20] Vgl. EU-Kommission (2010), S. 13.
[21] Vgl. Ruhnke (2012), S. 750.
[22] Vgl. Quick/ Wiemann (2011), S. 919.
[23] Vgl. EU-Kommission (2010), S. 13.
[24] Vgl. Quick/ Wiemann (2011), S. 919.
[25] Vgl. Marten et al. (2011), S. 172.
[26] Vgl. Eisenhardt/ Wader (2010), S. 2535.
[27] Vgl. Kämpfer et al. (2010), S. 2459.
[28] Vgl. IDW (2010), S. 26.
[29] Vgl. Velte (2011a), S. 246.

wirkt sich negativ auf die Prüfungsqualität aus.[30] Eine externe Pflichtrotation könnte ferner nur bedingt neue Prüfungsansätze hervorbringen. Die vier großen Prüfungsgesellschaften haben sich in ihren Prüfungsansätzen weitestgehend angenähert.[31] Hinzu kommt, dass eine externe Rotation mit dem Verlust von implizitem Wissen einhergeht, was sich ebenso auf die Prüfungsqualität auswirkt. Der nachfolgende Abschlussprüfer müsste sich das mandantenspezifische Wissen neu erarbeiten.[32] Notwendiges Mandantenwissen ist nicht sofort abrufbar und muss über Lern- und Erfahrungsprozesse erarbeitet werden.[33] Diese Problematik hat die EU-Kommission jedoch in ihrem Grünbuch bedacht.[34] Eine weitere Gefährdung der Prüfungsqualität besteht in der Nichterkennung von wesentlichen Fehlern. Dieses Risiko ist in den ersten beiden Jahren nach einem Prüferwechsel besonders hoch, vor allem für bewusst begangene Verstöße.[35] Empirische Studien belegen, dass Haftungsfälle aufgrund von Prüfungsfehlern nach einem Wechsel signifikant höher sind als bei einer Wiederholungsprüfung.[36] Ein Pflichtwechsel der Prüfungsgesellschaft könnte sich auch auf das Verhältnis von Prüfungsgesellschaft und Mandant auswirken. Prüfungsgesellschaften hätten durch eine pflichtmäßige externe Rotation keinen Anreiz, wesentliche Investitionen in den Mandanten vorzunehmen.[37] Der Wunsch nach Dynamisierung des Prüfermarktes würde ebenfalls blockiert. In der Praxis ist zu beobachten, dass ein Prüferwechsel meist zu einer der vier großen Prüfungsgesellschaften stattfindet. Mittelständische Prüfungsgesellschaften würden also zusätzlich belastet.[38] Eine weitere Erhöhung der Konzentration auf dem Prüfermarkt wäre die Folge.[39] Für große Prüfungsgesellschaften bestünde weiterhin ein Anreiz Kartelle zu bilden. Der Wettbewerb als solcher käme zum erliegen, da nach einer gewissen Zeit jede Prüfungsgesellschaft einen lukrativen Prüfungsauftrag übernehmen würde.[40] Ergebnisse der empirischen Prüfungsforschung können an dieser Stelle nur bedingt zur Beurteilung heran gezogen werden. Viele Mitgliedsstaaten der EU, die sich für eine gesetzliche externe Rotationspflicht entschieden hatten, wandten sich schon kurz nach Einführung oder schon vorher wieder von ihr ab.[41] Einzig in Italien besteht noch eine externe Rotationspflicht. Dort kam die SDO Bocconi School of Management

---

[30] Vgl. Eisenhardt/ Wader (2010), S. 2536.
[31] Vgl. Quick/ Wiemann (2011), S. 919.
[32] Vgl. Kämpfer et al. (2010), S. 2459.
[33] Vgl. IDW (2010), S. 24.
[34] Vgl. EU-Kommission (2010), S. 13.
[35] Vgl. Kämpfer et al. (2010), S. 2459.
[36] Vgl. Wollmert et al. (2011), S. 50.
[37] Vgl. Eisenhardt/ Wader (2010), S. 2536.
[38] Vgl. Ruhnke (2012), S. 750.
[39] Vgl. Eisenhardt/ Wader (2010), S. 2536.
[40] Vgl. Eisenhardt/ Wader (2010), S. 2536.
[41] Vgl. Velte (2012b), S. 323.

zu dem Ergebnis, dass durch die externe Rotationspflicht neben einem Abfall der Prüfungsqualität auch die Konzentration auf dem Prüfermarkt zunimmt.[42] Auch andere Studien kommen zu diesem Ergebnis. So zum Beispiel die Studie des General Accounting Office im Zuge des Sarbanes-Oxley-Act im Jahre 2002 in den USA. In der Studie konnte kein signifikanter Anstieg der Prüfungsqualität durch eine externe Rotationspflicht festgestellt werden.[43] An dieser Stelle sollte noch angemerkt werden, dass sich die EU-Kommission in ihrer Argumentation lediglich auf Studien stützt, die den positiven Einfluss einer Pflichtrotation herausarbeiten. Auf eine Quantifizierung dieses Nutzens wird jedoch verzichtet.[44]

Die EU-Kommission rief nach der Veröffentlichung des Grünbuchs zu EU-weiten Stellungnahmen auf. Interessenvertreter aus Praxis und Wissenschaft sollten ihre Einschätzungen abgeben. Knapp 700 Stellungnahmen wurden eingereicht.[45] Im Rahmen dieser Arbeit kann nicht der komplette Konsultationsprozess dargestellt werden. Daher wird ein verkürzter Blick auf die Auswertung geworfen, der lediglich einige der Ergebnisse beinhaltet. 73% der eingegangenen Stellungnahmen sprachen sich klar gegen die externe Rotationspflicht aus.[46] Unter Einbeziehung aller Stellungnahmen und deren direkter Wertung ergibt sich eine Ablehnungsquote von 43%. Diese nicht eindeutig geäußerte Stellungnahme ist größtenteils das Ergebnis einer gegensätzlich laufenden Meinungsbildung innerhalb des Berufsstandes der Abschlussprüfer.[47] Als Hauptablehnungsgrund wurden unter den eingesandten Stellungnahmen die Verschlechterung der Prüfungsqualität und ein Anstieg der Kosten mit 33% respektive 34% genannt.[48] Als positive Punkte wurden der Anstieg der Unabhängigkeit mit 45% und die Verbesserung der Prüfungsqualität mit 40% aufgelistet.[49] Neben der EU-Kommission hält auch das EU-Parlament eine Stärkung der Unabhängigkeit des Abschlussprüfers durch die externe Rotation für möglich.[50] Laut Parlament sollte die Kommission aber über eine wirksame Implementierung der internen Rotation nachdenken.[51]

---

[42] Vgl. Kämpfer et al. (2010), S. 2459.
[43] Vgl. United States General Accounting Office (2003), p. 8.
[44] Vgl. Ruhnke (2012), S. 750.
[45] Vgl. Bremer (2011), S. 1.
[46] Vgl. Böcking et al. (2011), S. 1163.
[47] Vgl. Hochreither/ Öppinger (2011), S. 677.
[48] Vgl. Böcking et al. (2011), S. 1164.
[49] Vgl. Böcking et al. (2011), S. 1164.
[50] Vgl. Scheffler (2011), R390.
[51] Vgl. Scheffler (2011), R391.

3.2 Trennung von Prüfung und Beratung

Eine weitere Maßnahme der EU-Kommission beschäftigt sich mit der Erbringung von Dienstleistungen neben der eigentlichen Abschlussprüfung, so genannten Nichtprüfungsleistungen. Artikel 22 der Abschlussprüferrichtlinie sieht vor, dass Nichtprüfungsleistungen nicht erbracht werden sollten, wenn dadurch die Unabhängigkeit des Abschlussprüfers gefährdet ist.[52] Laut EU-Kommission wird die Richtlinie in den Mitgliedsstaaten der EU zwar durchgesetzt, aber nicht überall so strikt wie beispielsweise in Frankreich. Dort ist die Erbringung von Nichtprüfungsleistungen verboten.[53] Nach den Wünschen der Kommission sollte es in Zukunft nur noch reine Prüfungsgesellschaften geben. Das generelle Verbot von Nichtprüfungsleistungen und die damit verbundene Trennung von Prüfungs- und Beratungsleistungen sollte weiter vorangetrieben werden.[54] Der Grund für diese restriktiven Maßnahmen waren laut EU-Kommission finanzielle Interessenkonflikte des Abschlussprüfers und die Sicherstellung finanzieller Unabhängigkeit.[55] Diese habe negative Auswirkungen auf die Prüfungsqualität.[56] Die Kommission möchte sicherstellen, dass die Prüfung ohne jegliches Eigeninteresse durchgeführt wird.[57] Bei der Prüfung von Beratungsergebnissen können unter Umständen Fehler übersehen oder bewusst verschwiegen werden.[58] Zusätzlich könnte der Abschlussprüfer den Verlust zusätzlicher Einnahmequellen befürchten und weniger gewissenhaft prüfen.[59] Auch Beratungstätigkeiten können zu erhöhter Vertrautheit zwischen Prüfer und Mandant führen.[60] Dem muss man entgegenhalten, dass es beispielsweise in Deutschland schon umfassende Regelungen in diesem Bereich gibt. Wie im ersten Kapitel bereits angeführt ist entsprechend der § 319a Abs.1 Nr.2 HGB zu nennen. Dieser schränkt Beratungs- und Prüfungsleistungen bei kapitalmarktorientierten Unternehmen ein.[61] Es gilt dabei der Grundsatz, dass nur eine beratende Tätigkeit ausgeführt werden darf. Die Handlungen des Abschlussprüfers dürfen keine unmittelbare Auswirkung auf die Darstellung der wirtschaftlichen Lage des Unternehmens haben.[62] Auch aus der Sicht der mittelständischen Prüfungsgesellschaften ist ein Verbot der Selbstprüfung

---

[52] Vgl. EU-Kommission (2010), S. 13.
[53] Vgl. EU-Kommission (2010), S. 13.
[54] Vgl. EU-Kommission (2010), S. 13.
[55] Vgl. Marten et al. (2011), S. 168.
[56] Vgl. Kämpfer et al. (2010), S. 2460.
[57] Vgl. Kleibold (2011), S. 118.
[58] Vgl. Marten et al. (2011), S. 167.
[59] Vgl. Quick/ Warming-Rasmussen (2007), S. 1010.
[60] Vgl. Marten et al. (2011), S. 167.
[61] Vgl. Velte (2011a), S. 245.
[62] Vgl. Velte (2011a), S. 245.

ausreichend.[63]Eine in diesem Zusammenhang diskutierte Höchstvergütung für Nichtprüfungsleistungen ist in Grundzügen schon vorhanden, beispielsweise im deutschen Handelsrecht.[64]Darüber hinaus bestünde keine Notwendigkeit einer weiteren Begrenzung der Gesamtvergütung des Abschlussprüfers.[65]Hierzu wurde eingangs bereits auf den § 319a Abs.1 Satz 1 Nr.1 hingewiesen. Er definiert die Grenzsätze für Gesamteinnahmen des Abschlussprüfers.[66]Eine Überschreitung dieser Grenzsätze führt zu einem Ausschluss des Prüfers von der Prüfung.[67]Darüber hinausgehende Restriktionen hätten negative Folgen auf den Berufsstand. Die Aufnahme der Berufstätigkeit und das Wachstum der kleineren und mittleren Praxen wären dadurch gefährdet.[68]Neben diesen formalen Punkten hätte ein generelles Verbot von Nichtprüfungsleistungen Auswirkungen auf die Prüfungsqualität. Die Abschlussprüfung ist eine komplexe Dienstleistung. Sie vereint verschiedene Disziplinen der Betriebswirtschaftslehre.[69]Die Durchführung zulässiger Nichtprüfungsleistungen hat dementsprechend sowohl positive Auswirkungen auf den Prüfer als auch auf das Unternehmen.[70]Der Prüfer gewinnt aus der Beratungstätigkeit umfangreiche Unternehmenskenntnisse.[71]Dadurch ist es dem Prüfer möglich, eine effizientere und risikoorientiertere Prüfung seines Mandanten vorzunehmen.[72]Die Gefährdung bestünde in diesem Fall darin, dass fehlende Kenntnisse nicht durch höheren Prüfungsaufwand ausgeglichen werden können.[73]Prüfungsunternehmen kompensieren darüber hinaus mit Hilfe der Beratung saisonale Schwankungen der Kapazitätsauslastungen.[74]Der Mandant dürfte einem neuen Berater obendrein kritisch gegenüber stehen. Für die Ausübung der Beratertätigkeit bedarf es keiner weiteren speziellen Qualifikation, die Ausübung des Berufes steht jedem offen. Die Qualifikationen des Abschlussprüfers sind dem Mandanten bekannt. Ob er ein solches Vertrauen einem unbekannten Berater entgegenbringen würde, bleibt zu anzuzweifeln.[75]Die Wiederaufnahme der Überlegungen zur Trennung von Prüfungs- und Beratungsleistungen ist nicht nachvollziehbar. Im Rahmen der Novellierung der Abschlussprüferrichtlinie im Jahr 2006 wurden die Vor- und Nachteile bereits diskutiert. Durch die Finanzkrise

---

[63] Vgl. Niemann (2010), S. 2371.
[64] Vgl. Velte (2011a), S. 246.
[65] Vgl. Velte (2011a), S. 246.
[66] Vgl. Velte (2011a), S. 246.
[67] Vgl. Eisenhardt/ Wader (2010), S. 2536.
[68] Vgl. Niemann (2010), S. 2371.
[69] Vgl. IDW (2010), S. 27.
[70] Vgl. Eisenhardt/ Wader (2010), S. 2536.
[71] Vgl. Kleibold (2011), S. 118.
[72] Vgl. Kleibold (2011), S. 118.
[73] Vgl. IDW (2010), S. 27.
[74] Vgl. Marten et al. (2011), S. 168.
[75] Vgl. Marten et al. (2011), S. 168.

sind daraus auch keine neuen Erkenntnisse erwachsen.[76] Für die Behauptung der Kommission, Interessenkonflikte des Abschlussprüfers hätten negative Auswirkungen auf die Prüfungsqualität, existiert keinerlei empirischer Nachweis.[77] Die empirische Prüfungsforschung kommt vielmehr zu dem Ergebnis, dass gleichzeitige Prüfung und Beratung keinen negativen Einfluss auf die tatsächliche Prüfungsqualität hat. Für die wahrgenommene Unabhängigkeit gilt dies jedoch nicht. Hier konnten Studien in vielen Fällen einen negativen Einfluss der gleichzeitigen Beratungs- und Prüfungsleistung feststellen. Dies gilt aber für verschiedene Beratungsarten. Weiterhin variierte in den Untersuchungen die Art der Untersuchungsteilnehmer.[78] In der Schlussbetrachtung kann also kein generelles Beratungsverbot für Wirtschaftsprüfer aus den Studien abgeleitet werden.[79] Man sollte weiterhin bedenken, dass ein generelles Verbot von Beratungsleistungen eine negative Auswirkung auf das Berufsbild des Abschlussprüfers hätte. Durch den Wegfall der Beratung verlöre der Berufsstand an Attraktivität.[80] Weitere Restriktionen hätten zur Folge, dass sich der qualifizierte Nachwuchs gegen den Berufsstand des Wirtschaftsprüfers entscheidet. Eben diesen benötigt man jedoch für hochwertige Abschlussprüfung.[81] Langfristig stünde man einer adversen Selektion gegenüber.

Unter den Konsultationsteilnehmern der EU-Kommission besteht an dieser Stelle kein einheitliches Bild. Mit einer Zustimmungsquote von 45% und einer Ablehnungsquote von 47% zeigen sich die Teilnehmer uneins über das grundsätzliche Verbot von Nichtprüfungsleistungen.[82] 23% der eingegangenen Stellungnahmen sprachen sich gegen das Verbot aus, da so der Wissenstransfer zwischen den beratenden und prüfenden Tätigkeiten zum Erliegen käme.[83] Ebenfalls 23% der Konsultationsteilnehmer erachten die bestehenden Regulierungen zur Trennung von Prüfung und Beratung als ausreichend.[84] Für ein Verbot spricht laut 36% der Teilnehmer ein Anstieg der wahrgenommenen Unabhängigkeit. 40% der eingegangenen Stellungnahmen sahen einen positiven Einfluss eines Verbotes von Nichtprüfungsleistungen auf die tatsächliche Unabhängigkeit.[85]

---

[76] Vgl. IDW (2010), S. 26.
[77] Vgl. Kämpfer et al. (2010), S. 2460.
[78] Vgl. Marten et al. (2011), S. 170.
[79] Vgl. Marten et al. (2011), S. 170.
[80] Vgl. Plath (2012), S. 175.
[81] Vgl. Plath (2012), S. 175.
[82] Vgl. Böcking et al. (2011), S. 1164.
[83] Vgl. Böcking et al. (2011), S. 1164.
[84] Vgl. Böcking et al. (2011), S. 1164.
[85] Vgl. Böcking et al. (2011), S. 1165.

3.3 Bestellung und Vergütung des Abschlussprüfers durch einen Dritten

Eine letzte Maßnahme, die im Zuge dieser Arbeit betrachtet werden soll, betrifft die Bestellung und Vergütung des Abschlussprüfers. Die EU-Kommission findet Anstoß an der Tatsache, dass der Prüfer vom zu prüfenden Unternehmen beauftragt und bezahlt wird. So könnten nach Ansicht der Kommission Verzerrungen entstehen.[86] Nach deren Vorstellungen soll der Abschlussprüfer durch einen objektiven Dritten bestellt werden. Dieser würde auch die Vergütung des Abschlussprüfers festlegen. Übernehmen könnte diese Aufgabe eine Regierungsbehörde[87]. Diese Maßnahme soll vor allem für große und systemrelevante Institute in Betracht gezogen werden. Dass dadurch ein Mehraufwand auf die Unternehmen zukommt, ist der EU-Kommission bewusst.[88] Hintergrund der Überlegungen ist die Tatsache, dass diese Praxis der Auftragsvergabe und –vergütung die Unabhängigkeit des Prüfers belasten kann.[89] Besonders da der Abschlussprüfer eine öffentlichkeitswirksame Funktion inne hat.[90] Dem muss man jedoch entgegen halten, dass die Unabhängigkeit des Abschlussprüfers weitläufig abgesichert ist. Neben dem Berufsethos gibt es zusätzlich ein in sich geschlossenes Regelwerk.[91] Das Regelwerk umfasst gesetzliche und berufliche Regeln, die bereits eingangs erwähnt wurden. Weiterhin übernehmen jene Regelungen Überwachungs- und Sanktionierungsmechanismen.[92] Für kleinere und mittlere Prüfungsgesellschaften hätte eine Einschaltung Dritter ebenfalls negative Folgen. Sie sähen sich einem erhöhtem Verwaltungsaufwand ausgesetzt.[93] Die Aussagen des Grünbuchs sind darüber hinaus zu undifferenziert. In Deutschland beispielsweise wird der Abschlussprüfer durch die Gesellschafter oder den Aufsichtsrat beauftragt und honoriert. Dies geschieht unter Berücksichtigung des Artikels 37 Abs. 1 der Abschlussprüferrichtlinie.[94] Das Unternehmensmanagement kann dem Aufsichtsrat zwar zuarbeiten, die endgültige Entscheidung obliegt aber dennoch dem Aufsichtsrat.[95] Die gegenwärtige Praxis der Bestellung stellt sicher, dass ein Prüfer beauftragt wird, der über genügend Unternehmens- und Branchenwissen verfügt.[96] Auch in diesem Fall sollte man das deutsche Recht zu Rate ziehen. In den §§ 107 II, 111 II 3, 124 III 1 AktG und dem § 318 II HGB ist das

---

[86] Vgl. EU-Kommission (2010), S. 13.
[87] Vgl. Lanfermann (2010), S. 1.
[88] Vgl. EU-Kommission (2010), S. 13.
[89] Vgl. IDW (2010), S. 22.
[90] Vgl. Kämpfer et al. (2010), S. 2458.
[91] Vgl. IDW (2010), S. 22.
[92] Vgl. IDW (2010), S. 22.
[93] Vgl. Niemann (2010), S. 2371.
[94] Vgl. IDW (2010), S. 22.
[95] Vgl. IDW (2010), S. 22.
[96] Vgl. Arbeitskreis Bilanzrecht Hochschullehrer Rechtswissenschaft (2011), S. 176.

Vorschlagsrecht des Aufsichtsrates kodifiziert.[97] Ein Prüfbericht ist durch den § 312 HGB und § 170 III AktG vorgeschrieben. Zusätzlich muss der Abschlussprüfer laufende Informationen über wesentliche Feststellungen, gemäß § 321 I 3 HBG und Ziffer 7.2 des deutschen Corporate Governance Kodex, an den Aufsichtsrat weiterleiten.[98] Der Abschlussprüfer nimmt an den Bilanzsitzungen teil und erstellt einen Bericht über das Ergebnis der Prüfung. Dies ist im § 171 I 2 und 3 AktG festgeschrieben.[99] Die Bestellung und Vergütung des Abschlussprüfers durch eine Regulierungsbehörde hätte außerdem gesellschaftsrechtliche Konsequenzen. Durch die Übertragung der Bestellung des Abschlussprüfers an eine Behörde verlören die Überwachungsstellen einen Teil ihrer Funktion. Sie wären nicht länger in der Lage, den nach eigener Einschätzung besten Prüfer auszuwählen. Corporate-Governance–Systeme in Unternehmen öffentlichen Interesses würden zudem stark beschädigt.[100] Schlussendlich sollte man noch festhalten, dass eine solche Vorschrift einen Eingriff in das Eigentumsrecht der Aktionäre darstellt.[101]

Die Konsultation der EU-Kommission ergab, dass 52% der angefragten Interessengruppen gegen eine solche Regulierungsmaßnahme sind.[102] Das am häufigsten angeführte Gegenargument waren die erhöhten administrativen Kosten durch die Einschaltung eines Dritten. Dieses Argument vertraten 41% der Konsultationsteilnehmer.[103] 33% der Befragten sehen in der gegenwärtigen Regelung von Bestellung und Vergütung keinen Anhaltspunkt für einen Interessenkonflikt.[104] 22% der Konsultationsteilnehmer empfinden die Wahl eines geeigneten Abschlussprüfers durch den gegenwärtigen Auswahlprozess als zulässig.[105] 20% der Befragten vertreten sogar die Meinung, dass die Einschaltung einer Regierungsbehörde die Verantwortung der Unternehmensorgane unterwandern würde.[106] Als positive Folge wurden von 41% der Teilnehmer angeführt, dass die Einschaltung einer Regulierungsbehörde eine Erhöhung der Unabhängigkeit mit sich bringen würde.[107]

---

[97] Vgl. Arbeitskreis Bilanzrecht Hochschullehrer Rechtswissenschaft (2011), S. 176.
[98] Vgl. Arbeitskreis Bilanzrecht Hochschullehrer Rechtswissenschaft (2011), S. 176.
[99] Vgl. Arbeitskreis Bilanzrecht Hochschullehrer Rechtswissenschaft (2011), S. 176.
[100] Vgl. Arbeitskreis Bilanzrecht Hochschullehrer Rechtswissenschaft (2011), S. 176.
[101] Vgl. Wyss/ Kleibold (2011), S. 10.
[102] Vgl. Böcking et al. (2011), S. 1162.
[103] Vgl. Böcking et al. (2011), S. 1163.
[104] Vgl. Böcking et al. (2011), S. 1162.
[105] Vgl. Böcking et al. (2011), S. 1162.
[106] Vgl. Böcking et al. (2011), S. 1162.
[107] Vgl. Böcking et al. (2011), S. 1163.

4. Kritische Würdigung des Grünbuchs unter der Berücksichtigung des Richtlinien- und Verordnungsentwurfs der EU vom 30.11.2011

4.1 Zeitliche Begrenzung von Prüfungsaufträgen

Nachdem im vorangegangenen Kapitel einige Argumente für und gegen die Maßnahmen des EU-Grünbuchs zur Abschlussprüfung vorgestellt wurden, sollen diese nun kritisch gewürdigt werden. Dazu werden die Regulierungsentwürfe der EU-Kommission vom 30.11.2011 mit einbezogen. Sie dienen als Indikator, welchen Weg die Abschlussprüfung in Zukunft einschlagen soll. Außerdem gibt es Aufschluss darüber, inwieweit die EU-Kommission auf die Stellungnahmen der Konsultationsteilnehmer eingegangen ist. Einführend sollte erwähnt werden, dass sich die Ausführungen der Regulierungsentwürfe lediglich auf Unternehmen öffentlichen Interesses beziehen.[108] Eine Verallgemeinerung kann also nicht vorgenommen werden. Die kritische Würdigung der Maßnahmen erfolgt in der gleichen Reihenfolge wie im obigen Kapitel. Die EU-Kommission plant bei der Implementierung einer externen Rotationspflicht einen eignen Weg zu gehen. Laut des Verordnungsentwurfs der EU-Kommission soll die bestehende interne Rotationspflicht der 8. EU-Richtlinie durch eine externe Rotationspflicht ergänzt werden. Die interne Rotationspflicht wird durch eine verlängerte Karenzzeit von 3 Jahren abgeändert.[109] Die externe Rotation soll aller 6 Jahre durchgeführt werden und kann per Ausnahmeregelung um 2 Jahre verlängert werden.[110] Bei freiwilligen Gemeinschaftsprüfungen besteht einen Rotationszyklus von 9 Jahren, der um 3 Jahre verlängert werden kann.[111] Nach vier Jahren soll es den Gesellschaften möglich sein, das Prüfungsmandat wieder aufzunehmen.[112] Das Erstmandat soll dabei mindestens zwei Jahre dauern.[113]

Eine abschließende Beurteilung der externen Rotationspflicht fällt schwer. Die Vor- und Nachteile können nicht ohne Weiteres gegeneinander aufgewogen werden, da die entsprechenden Argumente nicht die gleiche Wirkrichtung haben. Eine eindeutige Handlungsempfehlung lässt sich daher nicht ableiten.[114] Meiner Meinung nach sollte man jedoch von der externen Rotationspflicht als solches Abstand nehmen. Bei einem Wechsel der Prüfungsgesellschaft kann es zu Ineffizienzen kommen. Diese Ineffizienzen gehen nicht nur mit dem Verlust von implizitem Wissen einher, sondern erschweren die Arbeit des Abschlussprüfers.

---
[108] Vgl. Ruhnke (2012), S. 749.
[109] Vgl. Velte (2012a), S. 70.
[110] Vgl. Velte (2012a), S. 70.
[111] Vgl. Velte (2012a), S. 71.
[112] Vgl. Velte (2012a), S. 71.
[113] Vgl. Velte (2012a), S. 71.
[114] Vgl. Ruhnke (2012), S. 750.

Dass ein externer Wechsel des Abschlussprüfers die Unabhängigkeit stärken kann, muss nicht grundlegend angezweifelt werden. Es ist jedoch fraglich, ob dies zu Lasten von langjähriger Erfahrung und Prüfungsqualität geschehen sollte. Eine solche Belastung der Prüfungsqualität würde zudem auch kleine und mittelständische Prüfungsgesellschaften treffen.[115]In diesem Zusammenhang sollte eher über eine verpflichtende Regelung zur internen Rotation nachgedacht werden. Durch den Prüferwechsel innerhalb der Prüfungsgesellschaft kann dem Wissensverlust entgegengewirkt werden. Zusätzlich mindert man die Entstehung von Vertrautheit. Eine europaweite Harmonisierung der Vorschriften der 8. EU-Richtlinie zur internen Rotation könnte hier einen ersten Schritt darstellen. Sollte man trotz allem an einer Durchsetzung der externen Rotationspflicht festhalten wollen, wäre diese mit der internen Rotation abzustimmen. Der Zeitpunkt eines externen Prüferwechsels könnte beispielsweise nach empirischen Gesichtspunkten angesetzt werden.

4.2 Trennung von Prüfung und Beratung

Die EU-Kommission setzt in dieser Frage ein klares Zeichen. In Artikel 10 des Verordnungsentwurfs ist festgeschrieben, dass prüfungsverwandte Leistungen weiterhin zulässig sind. Das Honorar dieser Leistungen darf jedoch 10% des Prüfungshonorars nicht überschreiten.[116]Prüfungsfremde Leistungen dürfen hingegen nicht mehr erbracht werden, wenn gleichzeitig ein Prüfungsauftrag vorliegt. Zu den prüfungsfremdem Leistungen zählt die EU-Kommission die Steuerberatung, aber auch die Anlageberatung.[117]Artikel 10 enthält weiterhin eine Auflistung von Dienstleistungen, die beim Abschlussprüfer Interessenkonflikte hervorrufen können. Diese bedürften einer vorherigen Zustimmung durch den Prüfungsausschuss oder einer Aufsichtsbehörde.[118]Der Verordnungsentwurf enthält dazu Restriktionen für große Prüfungsgesellschaften bzw. Netzwerke, die mehr als 1,5 Mrd. € an EU-weiten Honoraren pro Jahr erzielen.[119]Diesen wird laut Artikel 10 Abs. 5 des Verordnungsentwurfs untersagt, prüfungsfremde Dienstleistungen neben der Abschlussprüfung anzubieten.[120]

Meiner Ansicht nach greift ein generelles Verbot von Nichtprüfungsleitungen zu weit. Der Berufsstand der Wirtschaftsprüfer profitiert von den Lerneffekten, die er durch die Beratung von Unternehmen erfährt. Sie erhalten nicht nur einen

---

[115] Vgl. Niemann (2010), S. 2371.
[116] Vgl. Velte (2012a), S. 69.
[117] Vgl. Velte (2012a), S. 69.
[118] Vgl. Ruhnke (2012), S. 749.
[119] Vgl. Velte (2012a), S. 70.
[120] Vgl. Ruhnke (2012), S. 749.

Einblick in unterschiedliche Geschäftsmodelle. Sie bekommen auch ein Gefühl für die Risikoeinschätzung bestimmter Geschäftsfelder und Branchen. Die Frage nach dem Verbot von Nichtprüfungsleitungen eröffnet vielmehr die Möglichkeit, die Stellung des Aufsichtsrates und des Prüfungsausschusses zu stärken. In der Praxis gibt es dazu bereits Obergrenzen und Genehmigungsvorbehalte für Beratungsleistungen.[121] Nach außen hin kann so die Unabhängigkeit des Abschlussprüfers glaubwürdig testiert werden, da ein qualifiziertes Fachgremium über diese zu entscheiden hat. Zu guter Letzt wäre eine verpflichtende Offenlegung von Honoraren ein guter Schritt zu mehr Unabhängigkeit. Sie würde den Prüfer dazu zwingen, seine Einkünfte zu rechtfertigen. Die Gefahr finanzieller Interessenkonflikte könnte dadurch abgewandt werden.

4.3 Bestellung und Vergütung des Abschlussprüfers durch einen Dritten

Die EU-Kommission sieht in ihren Regulierungsvorschlägen von einer Ernennung und Vergütung des Abschlussprüfers durch eine Regierungsbehörde ab.[122] Meinem Empfinden nach sollte man jedoch nicht grundlegend von dieser Idee abweichen. Für die gesetzliche Prüfung von großen und systemrelevanten Finanzinstituten wäre diese Form der Auftragsvergabe durchaus sinnvoll. Es könnte sichergestellt werden, dass derartige Unternehmen durch die bestmöglichen Fachkräfte geprüft werden. Eine solche Aufgabe könnte beispielsweise durch die Finanzmarktaufsicht durchgeführt werden. Diese verfügt bereits über brancheninternes Wissen, das benötigt wird, um einen geeigneten Abschlussprüfer auszuwählen. Eine Regulierung darüber hinaus wäre nicht gerechtfertigt und stellt einen zu starken Eingriff in die Wirtschaftsverfassung dar.[123] Die Frage nach einer geeigneten Regulierung zur Bestellung des Abschlussprüfers gestaltet sich dagegen einfacher. Auch hier wäre eine EU-weite Harmonisierung ein geeigneter Weg. Hierzu könnte der Artikel 37 Abs. 1 der achten EU-Richtlinie zur Abschlussprüfung verpflichtend in allen EU-Mitgliedsstaaten vorgeschrieben werden.[124] Um die Corporate–Governance von Unternehmen öffentlichen Interesses weiter zu stärken, wäre eine ausgeglichene Mischung von Corporate–Governance–Regeln und einem ausgebauten Aufsichtsrecht denkbar.[125] So könnte beispielsweise die Ernennung und Vergütung des Abschlussprüfers durch den Aufsichtsrat oder den Prüfungsausschuss zur EU-weiten verpflichtenden Praxis werden.

---

[121] Vgl. Kämpfer et al. (2010), S. 2462.
[122] Vgl. Velte (2012a), S. 72.
[123] Vgl. Eisenhardt/ Wader (2010), S. 2535.
[124] Vgl. Eisenhardt/ Wader (2010), S. 2535.
[125] Vgl. Arbeitskreis Bilanzrecht Hochschullehrer Rechtswissenschaft (2011), S. 176.

5. Abschließende Bemerkungen

Zum Abschluss soll noch einmal ein zusammenfassender Blick auf die Maßnahmen des Grünbuchs zur Steigerung der Unabhängigkeit des Abschlussprüfers und das Grünbuch im Allgemeinen geworfen werden. Von allen Seiten wurde die angestoßene Diskussion durch das Grünbuch begrüßt. Die EU-Kommission verpasst es jedoch, überzeugende Maßnahmen aufzustellen. Einige Vorschläge stellen unsachgemäße Eingriffe in den Berufsstand dar.[126]Vorwürfe, die den Wirtschaftsprüfern im Zuge der Finanzkrise gemacht wurden, sind haltlos.[127]Die EU-Kommission setzt Rating–Agenturen mit Wirtschaftsprüfungsgesellschaften gleich. Im Gegensatz zu Rating – Agenturen unterliegen Wirtschaftsprüfergesellschaften aber engen gesetzlichen und berufsständischen Regulierungen.[128]Die Maßnahmen sollen in erster Linie die Marktmacht der vier großen Prüfungsgesellschaften brechen.[129]Keine der Maßnahmen des Grünbuchs wirkt sich jedoch positiv auf die Konzentration auf dem Prüfermarkt aus. Durch die externe Rotationspflicht würden mehr Mandanten zu den vier großen Prüfungsgesellschaften wechseln. Die Möglichkeiten eines Grünbuchs wurden von Seiten der Kommission nicht ausreichend genutzt. Keine der vorgeschlagenen Maßnahmen ist empirisch stichhaltig. Die Kommission verlässt sich lediglich auf Forschungsergebnisse, die die Vorhaben positiv stützen.[130]Ein generelles Verbot von Nichtprüfungsleistungen wirkt sich nachweislich negativ auf die Prüfungsqualität aus, nicht aber auf die Unabhängigkeit. Auch die Konzeptionierung einer externen Rotationspflicht hätte besser durchdacht werden müssen. Hier hätte man interne und externe Rotationszyklen aufeinander abstimmen können. Man sollte sich zudem fragen, warum die Kommission zu Stellungnahmen aufruft, wenn diese in der Folge unbeachtet bleiben.[131]Keine der Bedenken und Meinungen aus dem Konsultationsprozess finden sich in den Regulierungsentwürfen wieder. Es bleibt abzuwarten, welchen Weg die Wirtschaftsprüfung einschlagen wird. Wie EU-Kommissar Barnier bereits ankündigte, wird es kein verharren im Status quo geben.[132]Der Draft Report des EU-Parlaments zu diesem Thema könnte dabei den Weg aufzeigen, den man in Zukunft beschreiten möchte. Solange dieser Weg die tatsächliche Qualität der Prüfung steigert, sollte man die Umgestaltungsmaßnahmen weiter unterstützen.

---

[126] Vgl. Velte (2012b), S. 323.
[127] Vgl. Eisenhardt/ Wader (2010), S. 2535.
[128] Vgl. IDW (2010), S. 29.
[129] Vgl. Niemann (2010), S. 2368.
[130] Vgl. Ruhnke (2012), S. 750.
[131] Vgl. Plath (2012), S. 174.
[132] Vgl. Wollmert et al. (2011), S. 50.

Literaturverzeichnis

AktG: Aktiengesetz vom 6. September 1965 (BGBl. Teil 1 1965, S. 1089) zuletzt geändert durch das Gesetz vom 22.12.2011 (BGBl I 2011, S. 3044).

Arbeitskreis Bilanzrecht Hochschullehrer Rechtswissenschaft: Arbeitskreis Bilanzrecht Hochschullehrer Rechtswissenschaft – Stellungnahme zum Grünbuch der EU-Kommission weitere Vorgehen im Bereich der Abschlussprüfung – Lehren aus der Krise, NZG 5\2011, S. 176-177.

Barnier, Michel: Wie kann der europäische Markt für Abschlussprüfungen verbessert werden? – Das Grünbuch der Europäischen Kommission zur Abschlussprüfung, in: WPg 21\2010, S.I.

Bremer, Jan: Ergebniszusammenfassung zum Grünbuch Abschlussprüfung veröffentlicht, in: NZG 6\2011, S, 224.

Böcking, Hans-Joachim/ Gros, Marius/ Wallek, Christoph/ Worret, Daniel: Das Grünbuch „Weiteres Vorgehen im Bereich der Abschlussprüfung: Lehren aus der Krise" – Ergebnisse der Konsultation, in: WPg 24\2011, S. 1159-1170.

Eisenhardt, Patrick/ Wader, Dominic: Vorschläge zur Fortentwicklung der Abschlussprüfung – Das Grünbuch der EU-Kommission, in: DStR 49\2010, S. 2532-2538.

EU-Kommission: Weiteres Vorgehen im Bereich der Abschlussprüfung: Lehren aus der Krise, KOM(2010) 561 endgültig vom 13.10.2010.

Graumann, Mathias: Wirtschaftliches Prüfungswesen, 2. Aufl., Herne 2009.

HGB: Handelsgesetzbuch vom 10. Mai 1897 (RGBl. 1897, S. 219) zuletzt geändert durch das Gesetz vom 22.12.2011 (BGBl I 2011, S. 3044).

Hochreither, Tanja/ Öppinger, Carina: Das Grünbuch der EU zur Abschlussprüfung – Ein Überblick über Diskussionspunkte und Konsultationsergebnisse, in: SWK-Heft 12\2011, S. 673-677.

IDW: Stellungnahme des IDW zum Grünbuch „Weiteres Vorgehen im Bereich der Abschlussprüfung: Lehren aus der Krise" (KOM (2010) 561 endgültig, 8. Dezember 2010.

Kleibold, Thorsten: Grünbuch zur Abschlussprüfung – Ende der Vernehmlassung – Beginn der weiteren Beratung, in: Der Schweitzer Treuhänder 3\2011, S. 118-119.

Kämpfer, Georg/ Kayser, Harald/ Schmidt, Stefan: Das Grünbuch der EU-Kommission zur Abschlussprüfung, in: Betriebswirtschaft 45\2010, S. 2457-2463.

Lanfermann, Georg: EU-Grünbuch Abschlussprüfung: mehr als eine Diskussion über Marktstrukturen, in: BB 44\2010, S. 1.

Marten, Kai-Uwe/ Quick, Reiner/ Ruhnke, Klaus: Wirtschaftsprüfung – Grundlagen des betriebswirtschaftlichen Prüfungswesens nach nationalen und internationalen Normen, 4. Aufl., Stuttgart 2011.

Niemann, Walter: Aktuelles aus der Wirtschaftsprüfung für den Mittelstand – Das Grünbuch der EU-Kommission, in: DStR 46\2010, S. 2368-2373.

Öppinger, Carina/ Rebhan, Elisabeth: Weiteres Vorgehen im Bereich der Abschlussprüfung: Lehren aus der Krise – Stellungnahme des IDW und des IWP\KWT im Vergleich, in: IRZ 10\2011, S. 447-451.

Plath, Rainer: Aktuelle Entwicklungen in der Abschlussprüfung, in: WPg 4\2012, S. 173-176.

Quick, Rainer/ Warming-Rasmussen, Bent: Unabhängigkeit des Abschlussprüfers – Zum Einfluss von Beratungsleistungen auf Unabhängigkeitswahrnehmungen von Aktionären, in: ZfB 10\2007, S. 1007-1033.

Quick, Rainer/ Wiemann, Daniela: Zum Einfluss der Mandatsdauer des Abschlussprüfers auf die Prüfungsqualität, in: ZfB 81\2011, S. 915-943.

Ruhnke, Klaus: Reformvorschläge zur Abschlussprüfung – Quo vadis? in: WPg 14\2012, S. 749-754.

Satzung der Wirtschaftsprüfer über die Rechte und Pflichten bei der Ausübung der Berufe des Wirtschaftsprüfers und des vereidigten Buchprüfers (Berufssatzung für Wirtschaftsprüfer/ vereidigte Buchprüfer – BS Wp/vBP) vom 11. Juni 1996 (BAnz. S. 7509) zuletzt geändert durch die Satzungsänderung vom 6. Juli 2012 (BAnz AT 25.07.2012 B1) in Kraft getreten am 12. Oktober 2012 (BAnz AT 28.09.2012 B1)

Scheffler, Eberhard: Entschließung des EU-Parlaments zum Grünbuch Abschlussprüfung, in: Die Aktiengesellschaft Report, R 390-391

United States General Accounting Office: Report to the Senate Committee on Banking, Housing, and Urban Affairs and the House Committee on Financial Services, Public Accounting Firms, Required Study on the Potential Effects of Mandatory Audit Firm Rotation (GAO-04-216), November 2003.

Velte, Patrick: (2011a) Stärkung der Prüfungsqualität durch das Grünbuch der EU-Kommission – Eine kritische Würdigung unter Berücksichtigung der Stellungnahme des DGRV, in: ZfgG 3\2011, S. 243-250.

Velte, Patrick: (2011b) Qualitätsbeurteilung der externen Abschlussprüfung durch publizierte Prüferhonorare – Eine kritische Analyse vor dem Hintergrund des EU-Grünbuchs vom 13.10.2010, in: DStR 45/2011, S. 2164-2168.

Velte, Patrick: (2012a) Die Regulierungsentwürfe der EU-Kommission zur Abschlussprüfung vom 30.11.2011 – Eine Bestandsaufnahme wesentlicher Reformvorschläge, in: ZfgG 1\2012, S. 67-73.

Velte, Patrick: (2012b) Stärkung der Qualität der Abschlussprüfung durch die externe Rotationspflicht – Eine Reflexion der empirischen Prüfungsforschung vor dem Hintergrund des Verordnungsentwurfs der EU-Kommission vom 30.11.2011, in: WPg 6\2012, S. 317-323.

Wollmert, Peter/ Oser, Peter/ Orth, Christian: Das Grünbuch zur Abschlussprüfung – kein Treffer ins Schwarze, in: Der Aufsichtsrat 4\2011, S. 50-51.

WPO: Gesetz über eine Berufsordnung der Wirtschaftsprüfer (Wirtschaftsprüferordnung) vom 24. Juli 1961 (BGBl. I S. 1049) zuletzt geändert durch das Gesetz vom 6. Dezember 2011 (BGBl. I S. 2515)

Wyss, Otto/ Kleibold Thorsten: Grünbuch zur Abschlussprüfung – Prüfung auf dem Prüfstand, in: Der Schweizer Treuhänder 1-2\2011, S. 8-11.